www.ingramcontent.com/pod-product-compliance
Lightning Source LLC
Chambersburg PA
CBHW030719220526
45463CB00005B/2109
9781653175642